沖縄戦

「集団自決」消せない傷痕

〈写真〉山城 博明
〈解説〉宮城 晴美

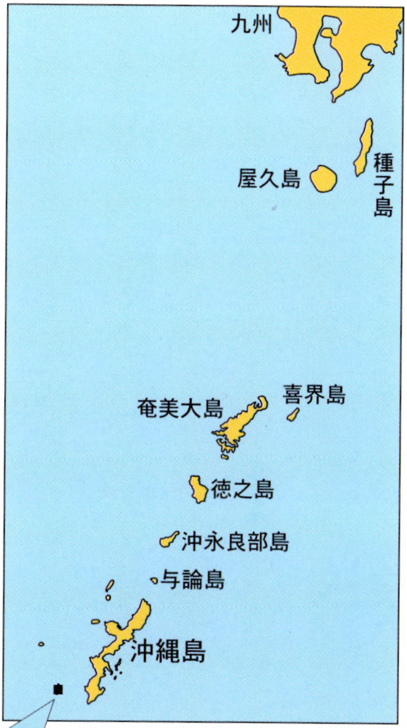

高文研

上空から見た慶良間諸島。右手前が渡嘉敷島、中央後方が座間味島、左手前が慶留間島、その奥が阿嘉島。1945 年 3 月下旬、米軍艦船が海峡を埋め尽くした。（2008 年 8 月）

慶良間海峡の夜明け（座間味島の高月山山頂から、2010 年 9 月 28 日午前 6 時 23 分ごろ）

何人もいる、と聞いた。（2010年10月）

渡嘉敷村のハナリ島の砂浜に残る砲弾。火薬を抜き取って漁師が密漁の爆薬に利用したそうであるが、火薬を抜き取る作業中に誤って砲弾が爆発。両腕を飛ばされたり即死した漁師が

互いに振る舞う。この日、潮干狩りをした観光客にも砂浜で炊いた魚汁とおにぎりが配られた。(2011 年 4 月 5 日〈旧暦 3 月 3 日〉浜下り行事)

今も海底に横たわる砲弾の残骸。大潮の時、干上がった海底から姿を表す。渡嘉敷村阿波連地区の人々は旧暦の３月３日、総出で潮干狩りをする慣わしがあり、現場で海の幸を捕り、

たちは「あの時のことを頭に浮かべるだけで眠れなくなる」と言い、この現場には足を踏み入れない。（渡嘉敷島「第一玉砕場」で 2011 年 6 月 14 日）

渡嘉敷島の「第一玉砕場」。島の人々は今も当時の呼び名である「玉砕」を使う。1945 年 3 月 27 日、島の人々はここへの集合を指示され、夜道を歩いて集まった。その日は大雨で川の水は血で染まり、赤い川となって流れていた、という。「集団自決」から生き残った方

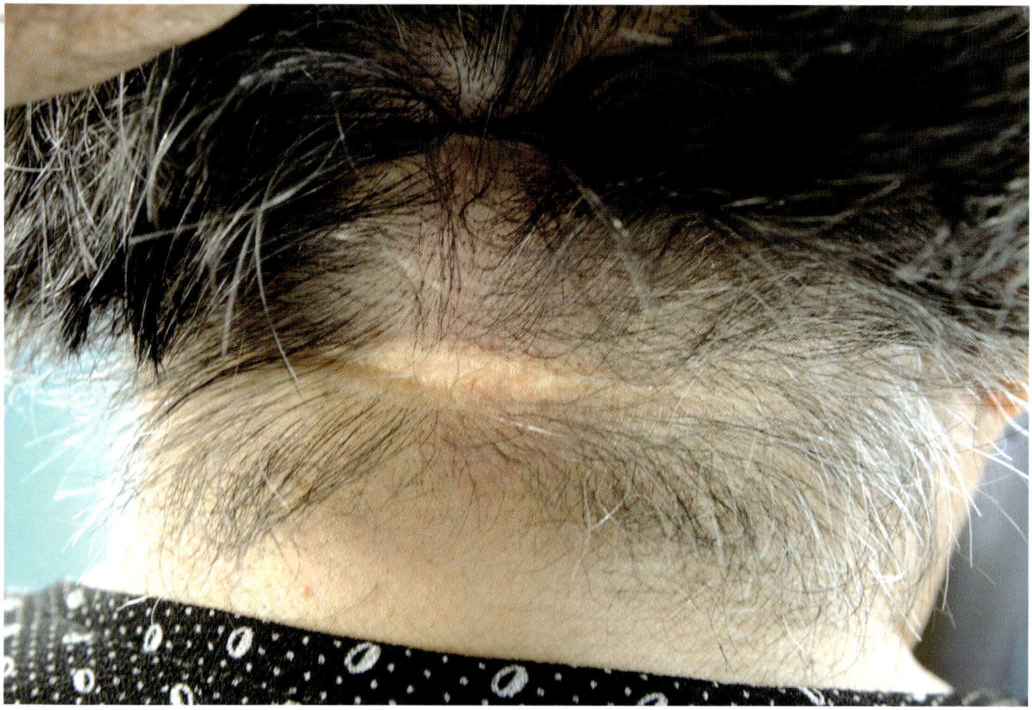

山城節子さん（1937 年 7 月生まれ／故人）。当時、国民学校の 1 年生。母親は兄弟 4 人と一緒に「死ぬ」ことができず、親戚の伯父に「殺してくれ」と頼んだ。棒で頭などを叩かれたが、死に至らなかったのでナタで首筋を切りつけられた。血が流れて来たが、声を押し殺してうつむいていた。母親と妹・範子（1 歳）、弟・謙二（次男）の 3 人は亡くなった。弟・謙一（長男・4 歳）と 2 人だけが生き残った。「玉砕場」で倒れているところを米兵に助けられ、現場のフィージー川の滝を登った。血だらけの洋服をハサミで切り取られて、米兵の服を着せられたことなどをはっきりと記憶している。謙一の傷が深く、座間味島で治療した。（渡嘉敷村阿波連で 2011 年 6 月 14 日）※弟・謙二の年齢は聞いていない。
大阪在住だったが、悲惨な戦争体験を語り継ぐために娘や孫を連れて渡嘉敷を訪れ、玉砕場や慰霊碑を案内していた。

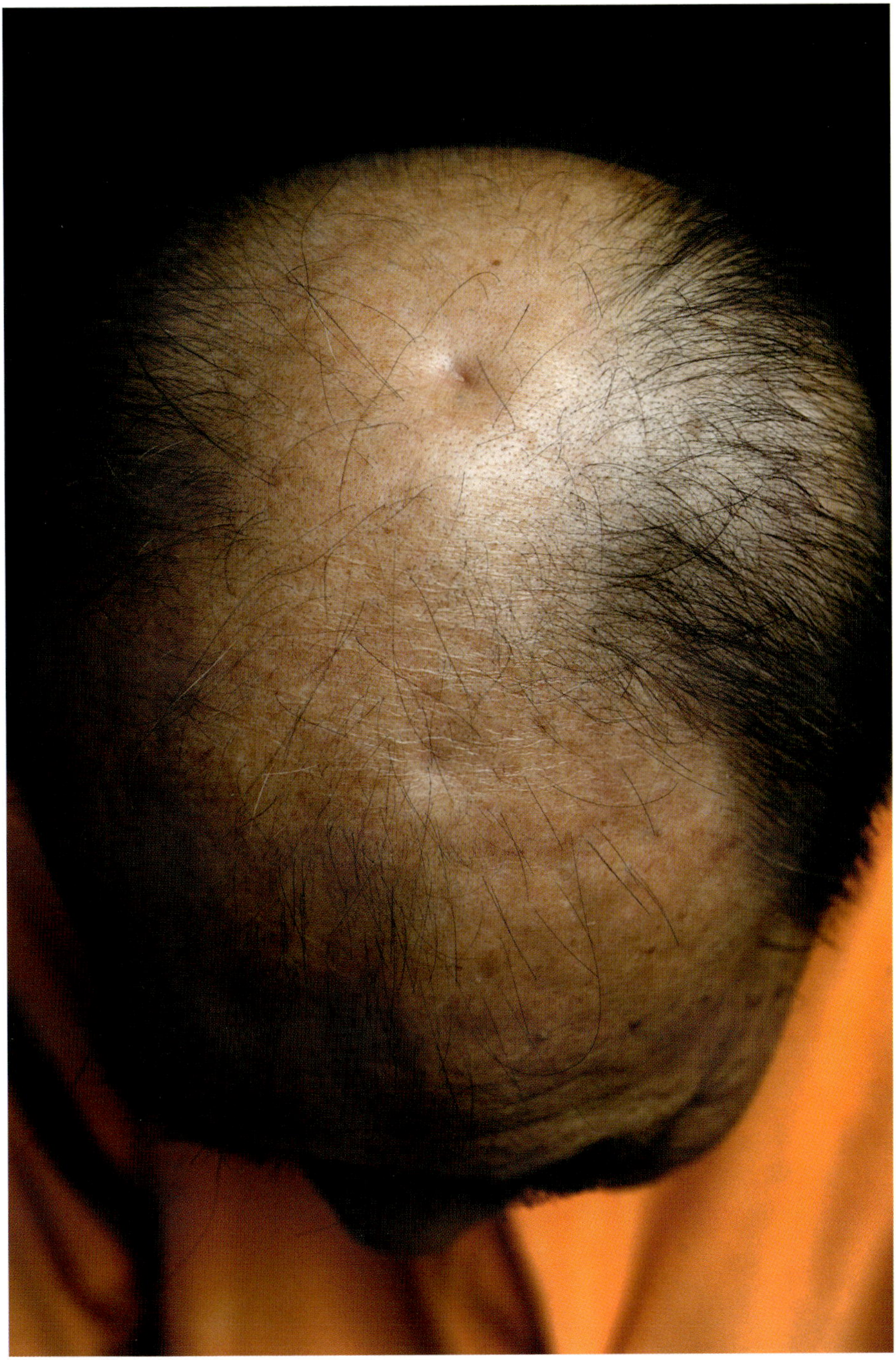

中山章さん（1939 年 5 月生まれ）の頭頂の傷。「集団自決」に使用した手榴弾の破片はまだ頭部に残っている。その後遺症で中 2 の時から時々、てんかんの発作を起こす。しかし破片を摘出するのは困難で危険だ、と医者から言われている。一緒だった妹も足と手に負傷、母親は亡くなった。（座間味島で 2010 年 12 月）

いた。下方の黒い「しみ」は血痕。内ポケットにはスパイと区別するマーク（「サ」は座間味島民の証明）が入っていた。母親が大切に保管していた。（那覇市内で 2011 年 12 月）

「集団自決」した少年の着物。父親にカミソリで斬りつけられた宮平邦夫さん（当時、国民学校5年生）が着ていた着物。同様にカミソリで斬りつけられて生き残った母親が、大切に保管して

今も残る慰安所として使われていた家（座間味島で2011年12月5日）

戦没者刻銘碑から親族の名前を探す園児（座間味島平和の塔で 2011 年 3 月）

渡嘉敷村の戦争体験者のみなさん。女性たちのほとんどが「玉砕場」からの生還者。どなたも、戦争体験を多くは語らない。（渡嘉敷島白玉の塔で2011 年 3 月）

目次

身体に刻まれた傷痕

シーサー（慶留間島）

新里武光さん（1936年8月14日生まれ）。あの夜、渡嘉敷島で砲撃に追われ、暗い「玉砕場」を母親や兄弟と逃げたが、死体につまずいて転んだ。よく見ると知人だった。その現場をはっきりと覚えているということで案内してもらった。

35年ぶりの慰霊祭の取材を終え、思い切って新里さんに「玉砕場」への案内をお願いするとはじめは「恐ろしくて行けない」とためらわれたが、米田光子さん（90ページ参照）の息子の英明さんが「私と母が同行するから…」と頼んでくれた。おふたりはあの日以来の現場訪問となったが、光子さんは途中で引き返された。（2012年3月28日、67年たった「住民玉砕の日」に）

大城良作さん（1943 年 8 月生まれ）。額から眉間にかけての傷は「玉砕場」の傷痕。状況をはっきりと覚えてはいないが、クワで叩かれた傷と聞かされて育った。「自決」用の手榴弾は、母が区民と一緒に兵隊から受け取る姿を記憶している。母と叔母は死亡。現場の小川で気を失っているところを曽祖母に助けられた。（那覇市内で 2011 年 2 月）

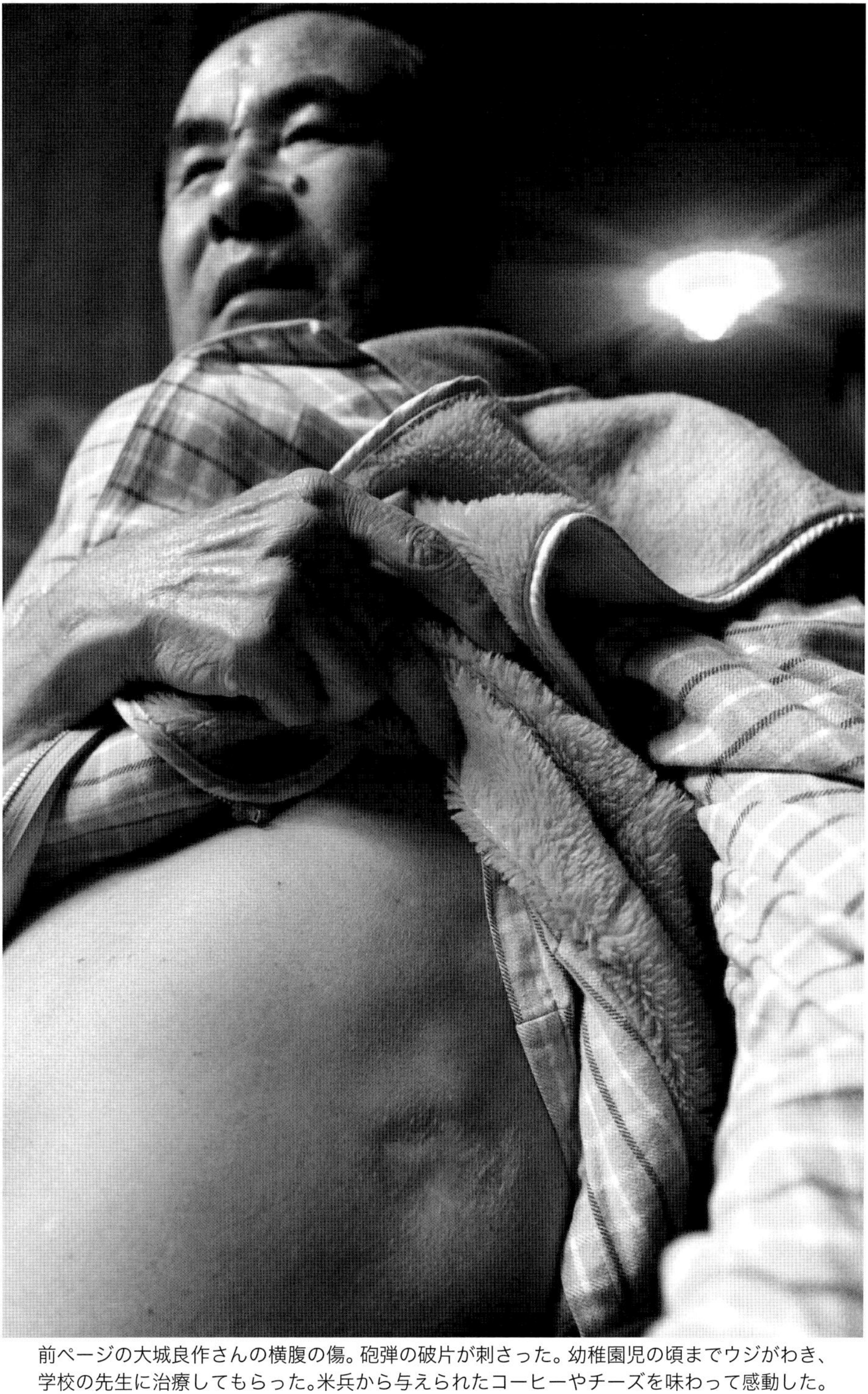

前ページの大城良作さんの横腹の傷。砲弾の破片が刺さった。幼稚園児の頃までウジがわき、学校の先生に治療してもらった。米兵から与えられたコーヒーやチーズを味わって感動した。（那覇市内で 2011 年 2 月）

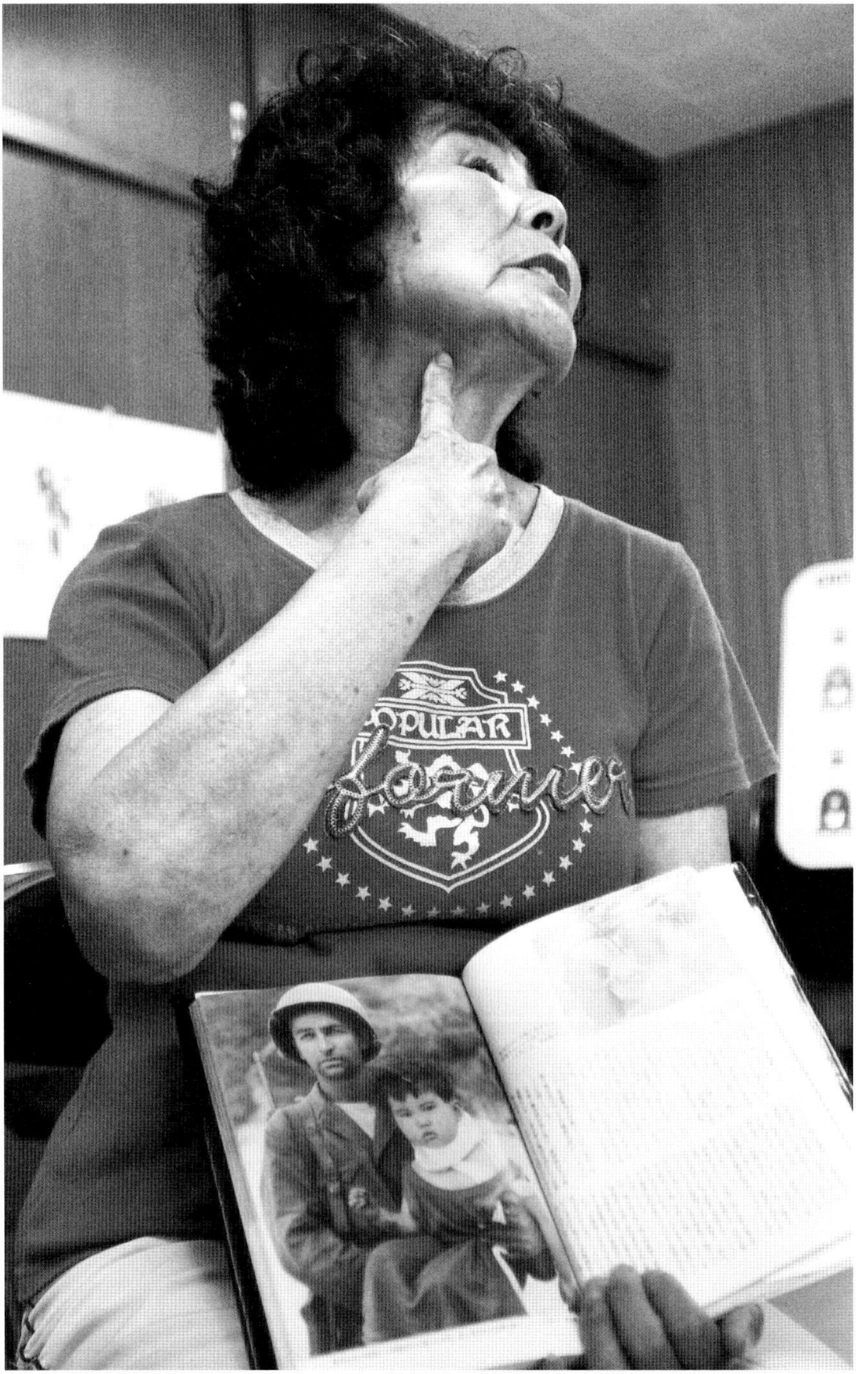

金城登美さん（1937 年 11 月生まれ）。家族は防衛隊が渡した手榴弾で「集団自決」を図る。母は即死したが、３歳の弟はオッパイにしがみついていた。自分は生き残ったが、木に炸裂した砲弾の破片で瀕死の重傷を負う。傷は座間味島で米軍による治療を受けた。米軍が撮影した米兵に抱かれた写真が残っている。（渡嘉敷島で 2007 年４月 11 日）

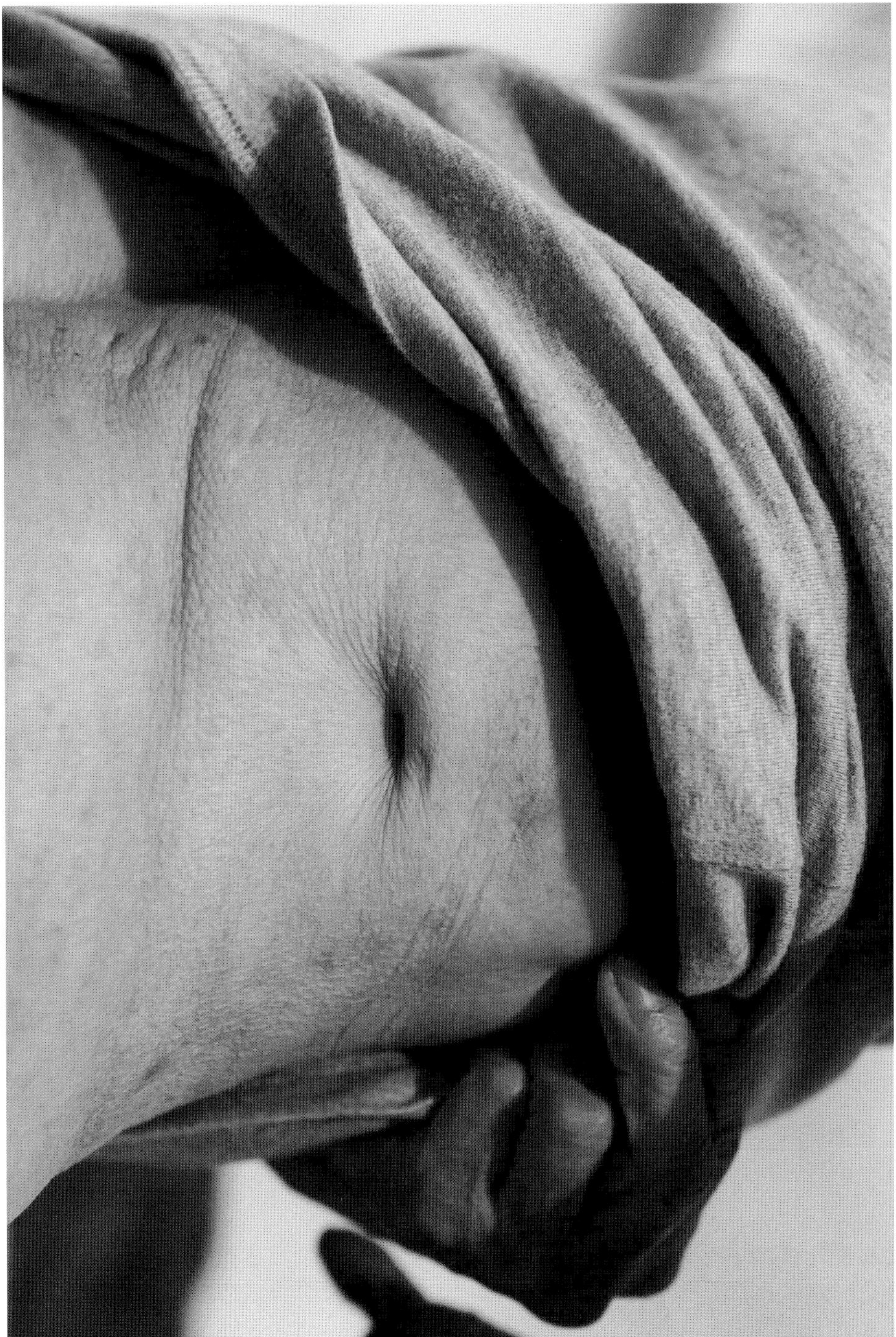

前ページの金城登美さんの右横腹の傷。今も体中に砲弾の破片が残っている。（渡嘉敷島で 2010 年 10 月 7 日）

1930 年生まれ。渡嘉敷島であの夜、兄嫁の家族と一緒に「玉砕場」へ行った。防衛隊だった兄が手榴弾を爆発させようとしたが、２個とも不発に終わった。立ち上がったとき、砲弾の破片を受けた。姉に背負われて壕へ避難した。（渡嘉敷島で 2011 年８月 10 日）

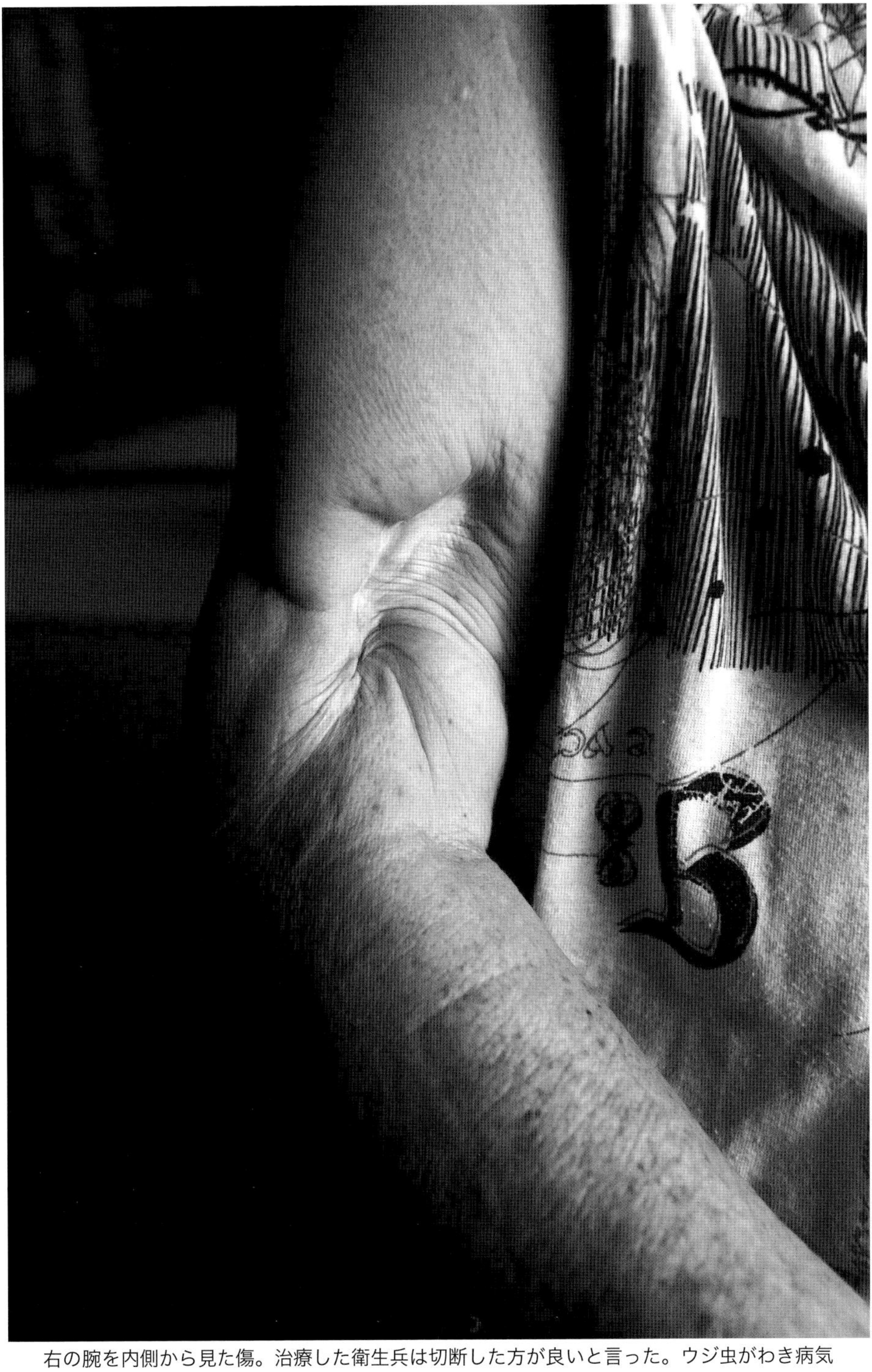

右の腕を内側から見た傷。治療した衛生兵は切断した方が良いと言った。ウジ虫がわき病気になった。歯も抜け落ちた。３年間、腕は動かせなかった。旧暦16日祭にはお墓にツツジを手向け、卒業式には百合を式壇に飾るのが慣わしだったと話す。（2011年８月10日）

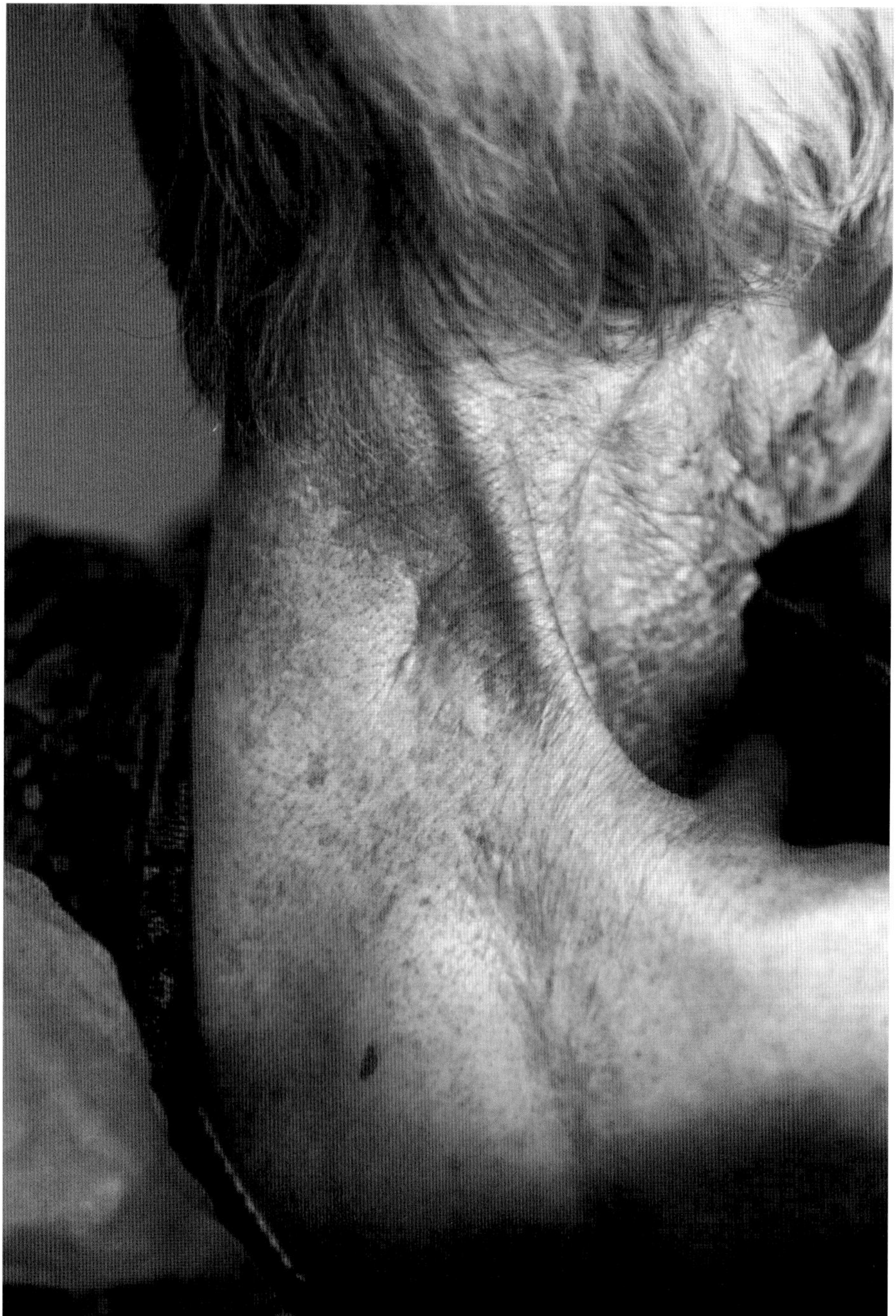

中村春子さん（1920 年 3 月 15 日生まれ／故人）。座間味島で、避難した壕が爆撃で崩れて生き埋めになる。一緒だった母と姉は即死。首筋に重傷を負う。壕から壕を転々と避難したが、途中で忠魂碑の前に集合するように伝令を受ける。傷が腐りウジ虫がわき、白旗を掲げて捕虜になった。今も破片が体内に残っており痛む。（那覇市内で 2011 年 3 月 9 日）

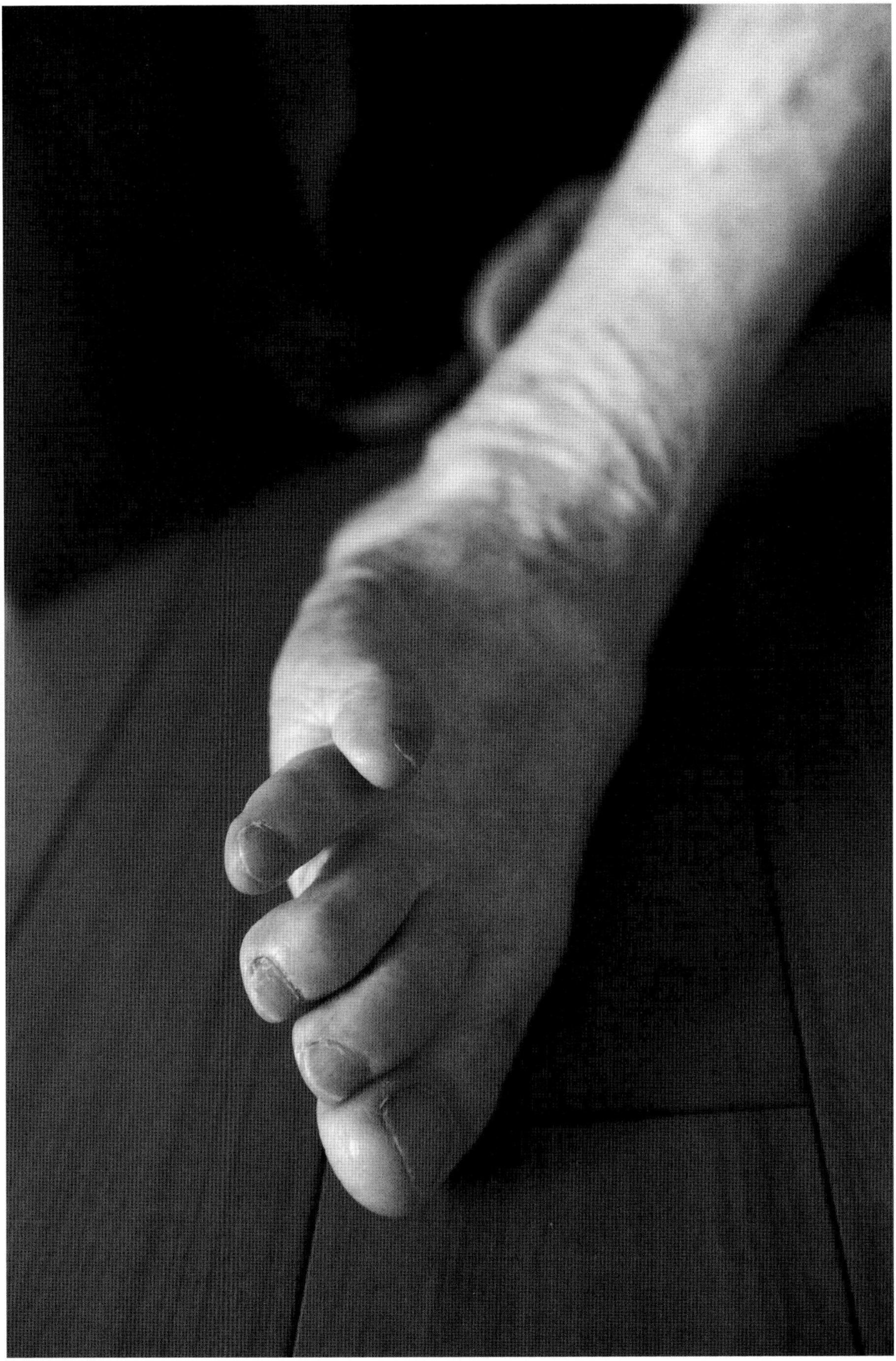

宮平澄さん（1928年11月生まれ）。座間味島へ米軍が上陸するところを目撃。家は梅澤隊長の宿舎とされており、梅澤隊長、高橋文雄幹部候補生らと一緒に逃げた。中岳に追いつめられ、足に被弾した時「やられた」と大声で叫ぶと「しゃべるな」と怒鳴られた。隊長と候補生も負傷した。足は膿が出て腐った。（座間味島で2011年2月）

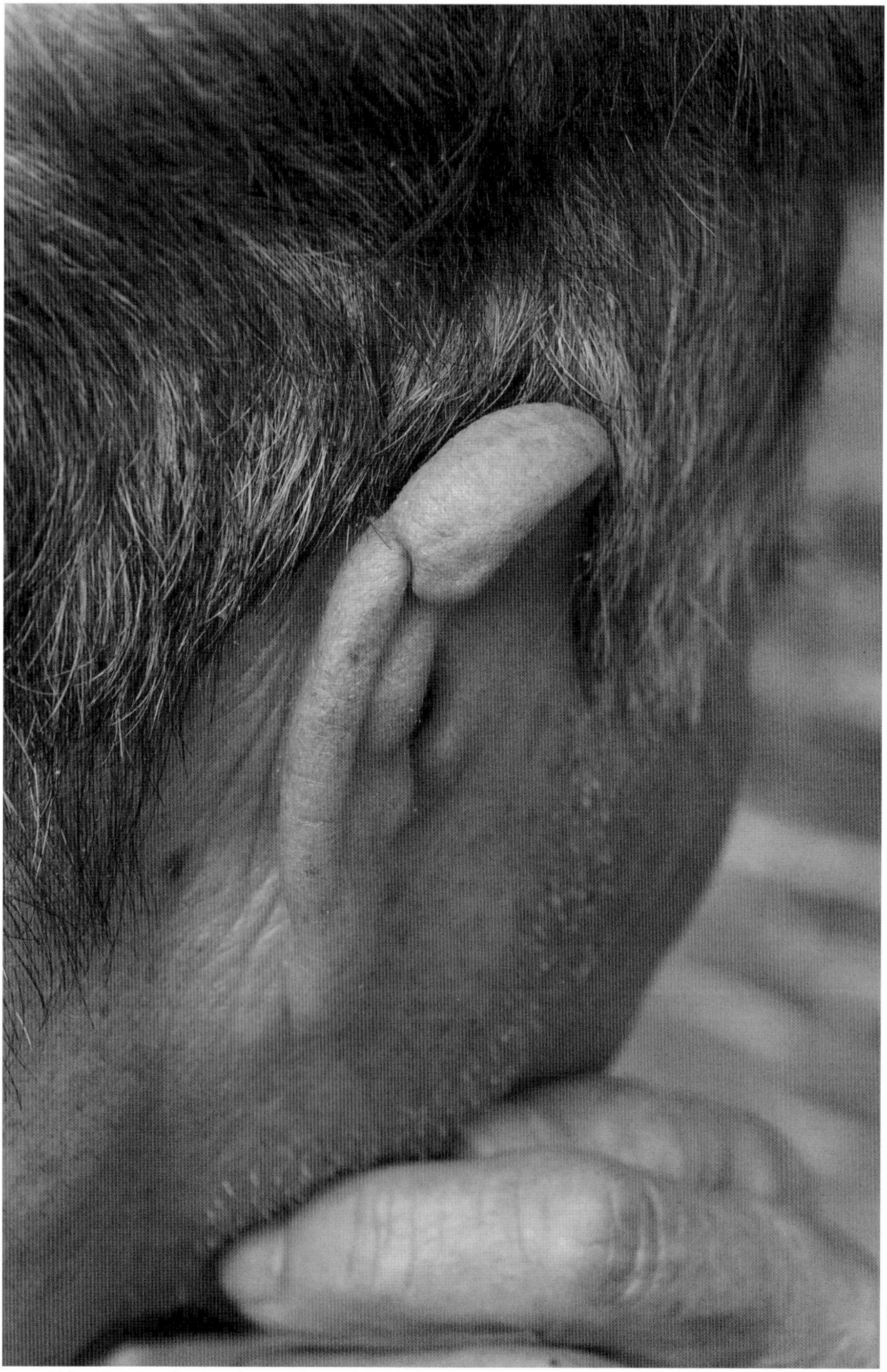

大城正光さん（1936 年 1 月生まれ）。兄と一緒に伯父に棒で叩かれて残った傷。気を失っていたが、自決した伯父からしたたり落ちた血が口に入り目がさめた。頭にも棒で叩かれた傷が残る。現在、右耳は難聴である。（渡嘉敷村阿波連で 2011 年 11 月 22 日）

大城正光さんの肘の傷。棒で叩かれるのをかばった左手の指は曲がっていて不自由だ。末の弟は棒で叩かれて亡くなった。棒で叩いた伯父の家族は全員が「自決」した。（渡嘉敷村阿波連で 2011 年 11 月 22 日）

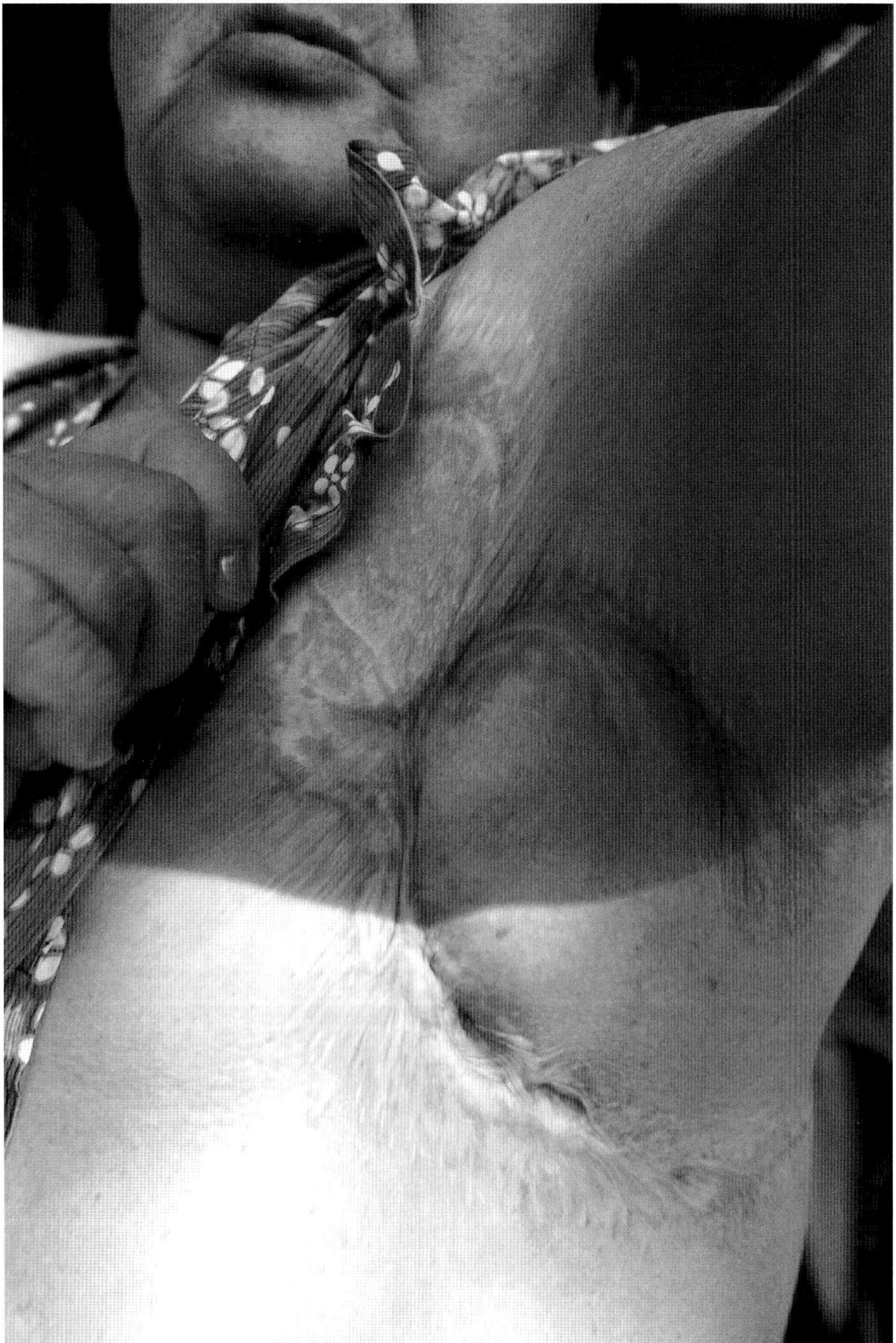

当時 10 歳。「集団自決」現場に打ち込まれた砲弾の破片が胸などに刺さる。姉と兄弟４人がクワで打たれて亡くなる。傷は、米軍が座間味村で治療した。黒人兵のシャツを着たのを覚えている。現在もなお傷の治療を続けている。頭と腕には、砲弾による傷以外に「自決」を迫られて親戚から棒で叩かれた傷が数カ所ある。（沖縄本島南部で 2011 年 2 月 28 日）

宮平輝重さん（1922年8月生まれ／故人）。母と祖母、兄嫁は避難したヤマトンマ壕で首を吊り亡くなった。当時、座間味島の防衛隊員。壕に避難した母を捜しに行く途中、米兵に顔面、尻と足を狙撃される。顔面の傷の治療は最近まで続いた。（座間味島で2010年12月1日）

海底に残る砲弾

砲弾の残骸（渡嘉敷村のハナリ島）

座間味昌茂さん（1940 年 10 月生まれ）と海底から現れた砲弾の残骸。座間味さんは渡嘉敷村の現村長。戦争体験者で平和学習の推進にも努める。当時、役場職員だった父の判断で「集団自決」を免れた。（渡嘉敷村のハナリ島で 2011 年 4 月 5 日）

米軍機の燃料タンクを改造したサバニ（舟）。戦後、島民は米軍機から落下した燃料タンクを舟に改造して漁に出た。（阿嘉島で 2011 年 3 月）

浮上した砲弾の残骸。渡嘉敷村のハナリ島（2011 年 4 月 5 日）

「集団自決」の現場

岩壁に咲くテッポウユリ。３月、慶良間諸島
に初夏の訪れを告げる。（座間味村慶留間島）

赤松隊の避難壕。現在は多くの壕が落盤している。(渡嘉敷島北山〈にしやま〉で 2010 年 11 月)

壕内にある赤松隊の炊事場跡。黒く焦げた跡がある。(渡嘉敷島北山〈にしやま〉で 2010 年 11 月)

ヤマトンマ壕（次ページ参照）の入り口。入り口には小川が流れ、上流に炊事場の跡がある。（2011 年 12 月）

座間味島駐留の日本軍の整備中隊の壕だったヤマトンマ（大和馬）壕。この壕で 16 人の人が首を吊り、1 人だけが生き残った。（座間味島で 2010 年 10 月）

小嶺正雄さん（82ページ）がひとりで掘った小嶺家の壕。当時のサイダーの空き瓶とお椀のかけらが残る。米軍上陸前、家族ら9人と避難していたが、「玉砕場」へ移動するよう命令を受けた。手榴弾が不発で全員が助かった。（渡嘉敷島前山で 2012年8月20日）

1945年3月25日、座間味島では伝令（村の職員）が各戸をまわり、忠魂碑前への集合を指示した。夜、人々はばらばらに集まってきたが、艦砲弾の飛びかう中、恐れをなして引き返した。忠魂碑の台座には今も砲弾の跡が残る。（2011年12月）

慶良間諸島に配備された日本軍は、ベニヤ板製のボートに爆薬を積んで米軍艦に体当たり攻撃する海上特攻隊だった。特攻艇は海岸に壕を掘って秘匿された。（座間味村慶留間島で 2011 年 4 月）

屋敷の内外に刻まれた弾痕

今も柱に突き刺さったままの銃弾（慶留間島・高良家）

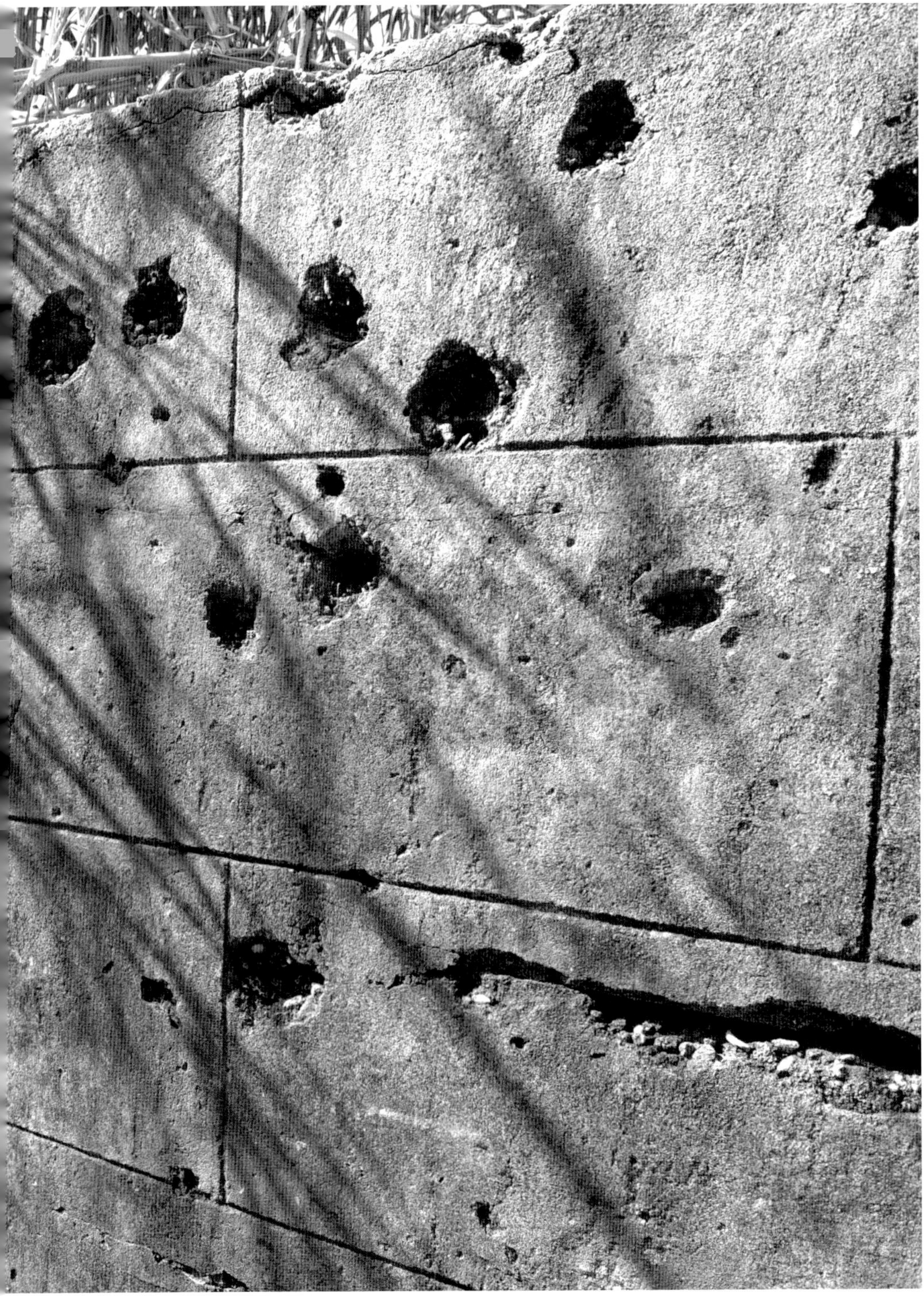

慶留間島の住宅の塀の弾痕。1945 年 3 月 26 日午前 8 時 25 分すぎ、米軍上陸第一歩の様子を語る。（2010 年 11 月 21 日）

嘉島だけに「集団自決」が起きなかった。（2011 年 3 月）

阿嘉島の金城盛一郎さんと弾痕が残る自宅のヒンプン（道路からの視線をさえぎる屏風状の目隠し。魔除けともいわれる）。金城さんは山へ避難して無事だった。慶良間諸島では、阿

新城ヨシ子さん（旧姓・国吉、1934 年 9 月生まれ、83 ページの新城幸一さんの妻）の実家の裏庭にある弾痕の残る塀（阿嘉島で 2011 年 3 月）

空き屋敷の塀に残る弾痕（渡嘉敷島で 2012 年 3 月）

米軍の砲撃で崩れた住宅前のヒンプン。このヒンプンは雨水の貯水タンクにも用いた。（渡嘉敷島阿波連で 2011 年 3 月）

砲撃で崩れた高良家（重要文化財）の石垣（座間味村慶留間島）。2000 年に修復された。高良家は琉球王府時代の中国交易の「唐儲け（トゥモウケ）」と鰹業で資産を築いた。その屋敷は島の繁栄の歴史と戦争の悲劇を共に伝える。（1987 年 10 月）

砲撃で崩れた民家の石垣。ヒンプンにも弾痕が残る。（阿嘉島で 1987 年 10 月）

今も民家の鴨居（かもい）に突き刺さったままの銃弾。（阿嘉島で 2010 年 11 月 21 日）

阿嘉島の金城盛一郎さん宅のヒンプンに刺さったままの銃弾。青く錆びている（52、53ページ参照）。（2011 年 3 月）

銃弾で削られた高良家の柱。高良家は改修されたが、その後も数ヶ所にこのような弾痕が残っている。（座間味村慶留間島で 2011 年 8 月）

高良家の弾痕を残す柱の横に立つ中村武次郎さん（高良家の管理人。1930 年 5 月生まれ）。米軍上陸の日、母と一緒にまず姉の首をひもで締め、「集団自決」をはかったが、米軍の呼びかけに応じて捕虜になり、死の淵から逃れた。姉は死亡した。慶留間島では 40 世帯のうち、４世帯だけが「集団自決」を免れたと語る。（2011 年 8 月 9 日）

銃撃を浴びた「鰹業創始功労記念碑」。弾痕は修復されて白く塗られている。座間味村は沖縄県における鰹業発祥の地。鰹節は「ケラマ節」として有名だった。（座間味村役場前広場で 2011 年 3 月）

砲撃された民家の豚小屋（ワーフール、ワー＝豚）。米軍による艦砲射撃は重要な食料である家畜も殺害した。（阿嘉島で 2011 年 3 月）

艦砲射撃で崩れたガンヌヤー（死者を運ぶ駕籠を納める場所）。（渡嘉敷島阿波連で 2011 年 3 月）

銃弾で幹の半ばまで深く削られたクバの木。他の樹木はこれほどの傷を受けると枯れてしまうが、クバの木だけは傷に耐えて生き続ける。弾痕が残るクバの木が10本以上ある。(渡嘉敷村阿波連で 2011 年 3 月)

1970 年代の座間味島の玄関。「沖縄戦米軍上陸第一歩之地」と明記した標柱が立ち（右端）、門の上には「Welcome to Kerama」の文字があった。（1973 年撮影）

一家全員「集団自決」の屋敷跡

魔除けのムンヌケーガイ（水字貝）（座間味島）

伯父一家は全員が亡くなった。屋敷の周囲の塀には弾痕が残る。（渡嘉敷村阿波連で 2011 年 3 月）

一家全員が「集団自決」した家（74、75ページ参照）と、その塀の前に立つ大城政連さん（1933年10月生まれ）。政連さんは大城正光さん（30、31ページ参照）の兄。大城さん兄弟は後方屋敷跡の親戚の伯父から棒で叩かれて瀕死の重傷を負うが、奇跡的に助かった。

家族全員が「集団自決」した家（75、76ページ参照）。現在は親戚が畑に使用している。このような「集団自決」で一家全員が亡くなった無人の家が島にはいくつも存在する。（渡嘉敷村字渡嘉敷で2011年1月）

同じく家族全員が「集団自決」した屋敷跡。（渡嘉敷村阿波連で 2011 年 3 月）

家族全員が「集団自決」した家（70、71 ページ）の仏壇。（渡嘉敷村阿波連で 2011 年 3 月）

家族全員が「自決」した家の位牌。先祖を除き6名の名が並ぶ。旧盆などには島にいる親戚が供養する。（72ページの家、渡嘉敷村字渡嘉敷で2011年3月）

家族全員が「集団自決」した家（72 ページ）に飾られた表彰状。「大日本国」の「国璽」があり、佐藤栄作総理大臣の名が記されている。（渡嘉敷島で 2011 年４月）

生き残った人たち

天然記念物のケラマジカとカラス（阿嘉島の海岸で 2011 年４月）

吉田ハルさん（1925 年 10 月生まれ）。妹と友人５人で母からもらった黒糖と鰹節を持って避難した。友人の育江さんが兵隊から受け取った手榴弾で「自決」しようしたが、不発に終わり助かった。後日、青年たちがその手榴弾を海へ投げ込むと爆発した。（座間味島で 2010 年 12 月）

松本トシさん（1922年1月生まれ）。当時は従兄弟の子守りをするため、銅を採掘する屋嘉比島にいた。米軍の攻撃を受け、7号坑内に身を潜めたが、坑口を爆撃でふさがれた。坑内で、阿嘉島出身の事務職員・与那嶺さん家族と金城次郎さん一家5人がダイナマイトで「集団自決」した。（座間味島で2011年3月）

金城武徳さん（1931年11月生まれ）。兄（当時19歳）が手榴弾を爆発させようとしたが、不発になり助かる。「第一玉砕場」から「第二玉砕場」へ移動。4日間「玉砕場」にいたが、20名余が迫撃砲で亡くなった。米軍が上陸する以前、赤松大尉が自宅を宿舎に使ったため6カ月間同居した。（渡嘉敷島で2011年7月21日）

写真上：金城さんが保管している赤松大尉の記念写真。1944年9月に慶良間諸島に配備された海上特攻隊とその基地設営隊は小学校などを接収して宿舎としたが、それだけでは不足のため、村の民家を借りて分宿した。上級の将校たちは裕福な家を使った。翌年3月まで半年にわたる共同生活で、将兵と住民の間には親密な関係が生じた。とくに軍国教育の申し子である少年たちは軍に憧憬を抱いた。マラリアを患った時看病してくれた金城武徳少年に、赤松大尉は慶良間赴任前の自分の写真を託した。
本書29ページの座間味島の宮平澄さんの家には梅澤隊長らが同宿したという。

写真下：赤松大尉の避難壕（渡嘉敷島）

再会を喜ぶ小嶺正雄さん（1929年8月5日生まれ）と新垣千代子さん（右、88ページ参照）。ふたりは同級生で、「玉砕場」へ向かう途中で顔を合わせたという。慰霊祭で久し振りに顔を合わせたふたりは、握手を交わした。（渡嘉敷島白玉の塔で2011年3月）

新城幸一さん夫妻と弾痕が残る石垣。幸一さん（故人）は、斬り込みに行く鈴木大尉から「『自決』は、自分が帰るまで待て！」と直接聞いた。鈴木大尉は帰らなかった。石垣周辺には多くの日本兵が死んでいた。慶良間諸島の中で阿嘉島だけは「集団自決」がない。（阿嘉島で2011年3月）

戦火に耐えて生き残った、座間味小中学校の校庭のガジュマルの大木。1916 年、当時の校長先生が植えた。砲弾を浴び、幹が砲撃で削られたがみごとに蘇生した。（2012 年 3 月）

慰霊と鎮魂

座間味島平和の塔で 2011 年 3 月 26 日

座間味島の「集団自決」の碑。碑文には米軍が上陸した 1945 年 3 月 26 日、村長以下 59 人が命を落としたとなっているが、現在は 67 名の氏名が判明している。その日も鮮やかなケラマツツジが咲いていたという。（座間味島で 2012 年 3 月 26 日）

座間味村郷友会が建立した慰霊碑。阿嘉島と慶留間島（左）が一望できる高台にある。（座間味島で 2011 年 3 月 26 日）

新垣千代子さん（1929 年 12 月生まれ）。家族５人で「玉砕場」へ行ったが、だれからであったか、追い返された。一斉砲撃がすさまじかった。山で亡くなった祖母の遺骨はまだ見つかっていない。（渡嘉敷島白玉の塔で 2011 年３月）

戦没者刻銘碑を参拝する戦争体験者。友人や家族の名前を探す。（座間味島平和の塔で2011 年 3 月）

米田光子さん（1928 年 7 月生まれ）。 防衛隊員だった兄 2 人が「集団自決」用の手榴弾を爆発させ、一緒にいた家族と渡嘉敷国民学校の真喜屋校長先生ら 13 人が亡くなった。母と自分だけが生き残り、手をつないで現場から逃げた。当時の弾痕が残る島の神社の鳥居を見つめる。（渡嘉敷村渡嘉敷神社で 2012 年 3 月）

大城静子さん（1933 年 8 月生れ）。渡嘉敷島であの日、「集団自決」へと追いつめられ、親戚に棒で打たれた。父母、妹、伯母４人が亡くなった。打たれた首筋は腫れあがり、水も飲めなかった。35 年ぶりの渡嘉敷村慰霊祭で。（2012 年 3 月）

2012 年 3 月 28 日の渡嘉敷村慰霊祭。「集団自決」で生き残った遺族たちは肉親の御霊（みたま）に黙祷を捧げた。（渡嘉敷島白玉の塔）

渡嘉敷村慰霊祭。35年ぶりに行われた慰霊祭で、平和の尊さをかみしめる島の中学生代表。（渡嘉敷島白玉の塔）

解説

一九四五年三月――永遠に消せない記憶

宮城晴美

※はじめに――「集団自決」の用語について

平和学習のために他府県からやってくる中・高生、大学生の多くが、事前に学んだ「強制集団死」という用語を携えて、座間味村・渡嘉敷村を訪れる。しかし、この言葉がいかに体験者をいらだたせるか、現地に行ってはじめて気づかされる人も多いのではないだろうか。

「集団自決」が大きな社会問題となったのは、一九八四年、家永教科書裁判・第三次訴訟において文部省の検定意見がこれを「崇高な犠牲的精神による」(防衛庁戦史叢書)と捉えていることが明らかになったからだった。批判が巻き起こる中で、数多く死んだ子どもや赤ん坊が「自決」するはずはないという意見が出され、以後はカギ括弧をつけた「集団自決」が歴史用語として使われるようになった。

その後、一九九〇年代になって沖縄戦研究者から「自決」という言葉自体が事実に反している、「強制集団死」と言うべきだという主張が出された。

戦後の座間味・渡嘉敷村の住民同士の〝日常の語り〟では、戦争中そのままの「玉砕」という言葉が使われていた。ところが一九五〇年代前半に作成された村の公文書では「自決」と表記されるようになり、さらに七〇年代のマスメディアや『沖縄県史』の取材に応える体験者の〝証言としての語り〟では「集団自決」が使われるようになった。その後住民は、身近な人には「玉砕」を使いながら、外来者には長年にわたって「集団自決」という用語で体験を語り、記録させてきた。それが今度は「集団自決なるものはなかった」として「強制集団死」という用語が新たに登場したのであった。

近年、この用語の問題や歴史修正主義の台頭もあって、体験者はよほど心を許す相手でない限り証言しなくなった。ましてや傷痕を撮影させるともなれば、絶対的な信頼関係が必要となる。追いつめられ強制されたとはいえ、肉親どうしの〝殺害〟という凄惨な事件である。自分だけが生き残った〝罪悪感〟に苦しみながら語る体験者の言葉は、聞く者の胸をえぐる。本書の書名を「集団自決」としたのも、こうした住民の心情に寄り添い続けた山城博明さんならではの命名だったといえるだろう。

❖水上特攻の秘密基地にされた慶良間諸島

慶良間諸島は沖縄本島から西へ約四〇キロ、渡嘉敷村と座間味村の二つの行政区で構成され渡嘉敷島は三つの集落から、座間味島は五つの集落からなる。

こののどかな島々にも、アジア太平洋戦争の戦禍は容赦なく押し寄せてきた。

沖縄に創設された第三二軍司令部は、米軍の主な上陸地を沖縄本島南部の西海岸（東シナ海・慶良間側）と予測、それを阻止するため、慶良間諸島に突撃用の海上特攻艇を配備し、敵の艦隊・輸送船団の背後から体当たりで攻撃する作戦を立てた。その役割を担うのが、まだ十代の「特別幹部候補生」で編成された特攻艇部隊だった。陸軍の「海上挺進戦隊」と言い（以下、戦隊と略す）、一九四四年九月、座間味島に海上挺進第一戦隊（戦隊長・梅澤裕大尉）、阿嘉島に第二戦隊（戦隊長・野田義彦大尉）、渡嘉敷島に第三戦隊（戦隊長・赤松嘉次大尉）が配備され、それぞれ一〇四人の隊員が割り当てられた。併せて、ベニヤ板で作られた一人乗りの特攻艇も各一〇〇隻運び込まれた。一二〇キロ爆雷を操縦席の両舷に一個ずつ装着し、目標の敵艦に体当たりさせるものだった。これら特攻艇は秘匿壕が掘られて厳重に保管された。

この海上特攻隊作戦は日本軍の最高機密であり、他の兵科にも知らされなかった。それだけに、渡嘉敷・座間味両村の住民は軍の徹底した管理下におかれ、座間味島ではスパイ防止のマークも作らされた（12〜13頁）。子どもから高齢者まで、集落を歩く際にはこのマークを胸元に縫い付けることが義務づけられた。

三つの戦隊にはそれぞれ九〇〇名からなる「海上挺進基地大隊（以下、基地隊）」が併設されていた。特攻艇の秘匿壕掘りや泛水《へんすい》（特攻艇を海面に浮かべる）、基地の設営、陣地構築などがその役割だった。

❖「慰安婦」を見せしめに〝玉砕〟のすすめ

住民は、日本軍が駐屯したその日から、軍（隊長）の命令で毎日のように動員を強いられた。動員された男性たちは、陣地構築のための木の切りだしや木材運搬、壕掘りなど、基地隊の作業を手伝わされ、婦人会、女子青年団、国民学校高等科生（現中学一、二年生）は、軍の食糧増産のための畑の開墾・野菜の植え付けが日課となった。

突然やってきた島の人口を超える日本軍将兵に宿泊場所はなく、民家が割り当てられることになった。

一つ屋根の下で暮らす日本軍と住民の間にはいつしか交友関係が生まれ、日常会話の中で、中国戦線を経験した将兵から敵に捕まった時の残虐な話が説かれるようになった。「敵に捕まると、女は強姦されてから殺され、男は八つ裂きにされる」という、住民を震かんさせる内容だった。事実、十五年戦争下において、日本軍による占領地女性への強姦が頻発したため、その対策として日本軍「慰安婦」制度が敷かれていた。「鬼畜米英」も同様の行為に出ると信じ込まされていたのである。

日本軍の沖縄駐留以来、県内でも兵士による強姦事件が多発し、各地に「慰安所」が設置されていった。座間味、阿嘉、渡嘉敷の三島にも七人ずつの朝鮮人「慰安婦」が連行されてきた。座間味では阿真集落の高良家と中村家（14頁）、阿嘉島の与那嶺家と金城家、渡嘉敷島の仲村渠家と新里家などが軍に接収されて「慰安所」にされ、住民の証言によれば、休日には兵士たちの長い列ができたという。

だまされて連れて来られた植民地の女性たちに対し、地元女性たちの目は厳しかった。渡嘉敷島では女子青年団によって、「慰安所」設置反対運動が起こった。「渡嘉敷の女性が内地から来た兵隊に、そういう女（慰安婦）と間違われたら困る」というわけである（川田文子『赤瓦の家』筑摩書房）。女子青年団長の抗議に対し赤松戦隊長は「慰安婦たちを置くということはむしろ、あなた方を守るためなんだから了承してください」と説得している。座間味島でも、「朝鮮ピー」と蔑称する「慰安婦」を見せしめに、「敵に捕まれば彼女たちのようになる」と若い女性たちに恐怖感を植え付ける将兵もいた。そして敵に捕まる前に「玉砕」するよう言い聞かせ、「自分で死ねなければ殺してあげる」とか、「いざとなったらこれで」と小刀を渡された女性もいた。

❖各島での「集団自決」の状況

一九四五年二月中旬、日本軍の編成替えにより基地隊の三分の二が独立大隊として沖縄本島に移動し、残った将兵が、その穴埋めとして連行されてきた二〇〇～三〇〇人の朝鮮人軍夫とともに戦隊長の指揮下に入れられた。

それから一カ月余りがたった三月二三日正午頃、慶良間諸島は米軍艦載機による激しい空襲に見舞われた。米海軍機一五〇〇機による大空襲の始まりであった。空襲は三日間続き、座間味・阿嘉島は集落の半分以上、渡嘉敷島は集落のほとんどが焼失してしまった。とくに座間味島では初日に早くも二三人の死者を出した。これほどの攻撃を受けながら応戦することのない日本軍に対してほとんどの住民が不信感を抱き、負け戦を意識しはじめていた。

さらに二五日には空襲に続いて戦艦の巨大な大砲による艦砲射撃がはじまった。一連の米軍の攻撃過程からして、次は上陸だということを住民はすでに知っていた。慶良間諸島は米艦船で何重にも包囲され、間断なく撃ち込まれる砲弾に島中が燃え上がり、住民は絶望感に打ちのめされた。

二六日午前八時過ぎ、米軍は阿嘉島に上陸を開始、約二〇分後には慶留間島、九時ちょうどには座間味島に上陸してきた。

【座間味島】

座間味島では二五日夜遅く、毎日のように軍の命令を伝えてきた伝令が「玉砕命令が下った。忠魂碑前に集合！」と、住民の避難する壕を駆け巡った。それを聞いた人たちは子どもたちに晴れ着を着せ、砲弾が飛び交うなかを忠魂碑に向かった。そこには日本兵がおり、やってきた住民に自分たちの壕で死ぬよう手榴弾が手渡された。突然の照明弾の落下もあって張り詰めていた気持ちが萎えた住民らは、来た道を引き返しはじめた。自家の防空壕に引き返す家族もおれば、親しい兵士に殺してもらおうと日本軍の壕へ向かう家族、村長ら役場職員の壕をめざす家族、さらに学校長らと行動を共にした人たちもいた。女・子どもだけの家族は、「玉砕」に手を貸してくれる男手を求めて壕から壕へと渡り歩いた

家族単位で、それぞれ空いた防空壕を見つけて避難していた住民は、翌朝の米軍の上陸を引金に「集団自決」を決行した。はじめて見る「鬼畜米英」が目の前に現れたことで、日本軍によって植え付けられた恐怖感は極限に達し、先に女性、子どもに手がかけられた。日本軍の銃剣の使用、ロープによる縊死、農薬の「猫いらず」（ヒ素）服毒、カミソリによる頸動脈切断……、手榴弾をたたいたのは、女性、子どもだけの集団だった。

こうして、座間味島では座間味、阿佐、阿真の三つ

の集落のうち日本軍が宿泊した座間味集落のみの住民と、そして村長を含む役場職員、学校長、男女青年団長、婦人会長、区長ら村のリーダーがことごとく命を絶った。「集団自決」の場所が十数カ所にわたったことから、目撃情報のない壕などの犠牲者の特定は難しく、私のこれまでの調査では一三五人まで数えている。

【慶留間島】

第二戦隊の一部が駐屯していた慶留間島では、米軍上陸の二〇日ほど前に阿嘉島の野田戦隊長から「玉砕」の訓示を受けていた。日本軍は、阿嘉島の戦隊の一部が集落の裏の海岸に駐屯しており、すぐに助けを求めることのできない住民は、敵の上陸を前に極度の緊張状態にあった。

三月二六日朝、島を取り巻いた米艦船から吐き出される小型船舶を山上から見ていた住民は、日本軍特攻艇が敵艦をめがけて体当たりに向かっているものだと思い、バンザイを叫ぶ者もいた。ところが小型船舶はそのまま慶留間島に到着、飛び降りた米兵たちは海岸近くの学校の運動場に集結した。米軍の上陸用舟艇だった。逃げ場を失った住民はパニックに陥り、父親が妻、子どもの首に縄をかけて木に吊るし、あるいは一列に座った親族の首に縄を巻き付けて両端から男性が力の限り引くなど、この世のものとも思われぬ「集団自決」が繰り広げられた。

そこへやってきた米兵は死に急ぐ人々を制し、遺体だけを残して住民を保護した。ところがそのことが、数時間後に別の場所から移動してきた人たちに、島の人が全員死んだものと誤解させ、新たな悲劇を生じさせた。同様に縄で首を吊る者、「猫いらず」を服毒する家族、女所帯は、前日の艦砲射撃によって燃え続ける雑木林に身を投じた。また米軍の投降呼びかけの拡声器に、敵はすぐ近くにいると錯覚して首を吊った人たちもいた。

慶留間島では、人口の半数を超える五三人が「集団自決」によって亡くなった。

【渡嘉敷島】

三月二七日午前九時頃、米軍は渡嘉志久と阿波連海岸から渡嘉敷島への上陸を開始した。地元の兵事主任が赤松隊に連絡をとり住民の避難方法について伺いをたてたところ、「陣地北方の盆地に避難するよう指示」(防衛庁防衛研修所戦史室『沖縄方面陸軍作戦』)が出された。その場所は、後に「玉砕場」と呼ばれる、日本軍陣地の近くで住民が米軍の攻撃にさらされる可能性の高い最も危険な所であった。

この場所で一夜を明かした住民は、翌二八日朝、軍からの命令が出たという情報のもと、村長による「天皇陛下バンザイ」三唱により「集団自決」が決行された。渡嘉敷島では、米軍上陸の一週間前に赤松隊から二〇数名の男性たちに手榴弾が二個ずつ配られ、米軍の上陸に遭遇したら一発は敵に投げ、残る一発で自決するよう訓示されていた。しかし一発の弾に二、三〇人が群がったことや不発弾が多かったため、手榴弾による死傷者は少数に留まった。

大混乱に陥り、敵に捕まることの恐怖に駆られた住民は、携えてきた鎌や鍬、ナタを肉親にむけて振り下ろし、また縄で首を絞めたり棍棒や石で打つなど、夫が妻子を、息子が母親を、兄弟が姉妹を死に至らしめた。

こうして、三八〇人の住民が「集団自決」の犠牲となった。阿波連集落では人口の三分の二が亡くなり、家族全滅という家も少なくなかった。

※

阿波連出身の金城重明氏が「混乱と絶望の中にも、幼い者・女性・老人など、自らは死ねない弱い者、幼い者の命を先に処理してから男たちが死んでいく、という手順」があり「われ先に死に赴く男性は、一人もおりませんでした」（金城重明『「集団自決」を心に刻んで』高文研）というように、結果的にいずれの地域も、男手のあった家族に犠牲が集中した。

逃げ場のない小さな離島という狭窄《きょうさく》空間のなかで、敵への投降・〝捕虜〟を禁じる日本軍の徹底した死の論理が、住民を「玉砕」思想へと追い込んでいった。厳しい監視体制の下、敵に強姦・殺害される恐怖心、生き残ることの恐怖心に支配された住民のとった行動が、「集団自決」だったのである。

敗戦後七〇年近い歳月が流れてもなお、生き残った人たちの心身の傷が癒えることはない。それでも、自らの身体の傷を〝裸出〟し、山城さんのカメラを通して戦争のむごさ、理不尽さを告発した島の人々の勇気に心から敬意を表したい。

〈筆者〉一九四九年、座間味村に生まれる。長年、慶良間「集団自決」の解明に取り組み、『座間味村史』の編集・執筆にたずさわる。著書『《新版》母の遺したもの――沖縄・座間味島「集団自決」の新しい事実』（高文研）

撮影後記

傷痕を撮らせてもらうまで

山城　博明

私が慶良間諸島の一つ、座間味島の土を初めて踏んだのは、沖縄の日本復帰の翌年、沖縄大学を卒業、新聞社に就職してまもない1973年9月のことだった。当時、沖縄国際海洋博覧会開催を2年後にひかえて、海への関心が高まっていた。私もダイビングを習得したいと、サンゴの種類が世界一豊富で美しい慶良間を選んで通うことにした。

連絡船「鹿島丸」を下りると、すぐに「Welcome to Kerama」の門が目に入り、脇に「沖縄戦米軍上陸第一歩」と書いた標柱が立っていた（68頁）。興味を引かれてシャッターを押したが、それがのちの「集団自決」への集中取材につながるとは、そのときは思いもよらなかった。

その後ひんぱんに慶良間を訪れ、ダイビングにいそしむと同時に、海中写真、天然記念物ケラマジカの撮影（77頁）やザトウクジラの遊泳などを撮った。

それとあわせて、柱に突き刺さった銃弾（阿嘉島、59頁）、砲撃で崩れた高良家の石垣（慶留間島、49頁）、海底に残る砲弾（ハナリ島、38頁）など戦争の爪痕もフィルムに収めた。

＊

2007年4月、ニューズウィークの元記者を、「集団自決」の取材で渡嘉敷島へ案内したときだった。悲惨な体験者のひとりである金城登美さんが、首筋の傷痕を見せながら「まだ体内に砲弾の破片がいくつも残っている」と痛々しく話すのを聞いた（24頁）。また米田光子さんは「13人が亡くなった現場で生き残った母と私は、手を取り合って必死になって逃げた」と当時の体験を詳しく語ってくれたが、その母の話を、息子の米田英明さんは物陰に隠れてじっと聞いていたのだった。その米田さん母子の姿を見て、親子でさえも「集団自決」については口に出来なかったことがあるのを、私は初めて知ったのだった。

この取材をきっかけに、私の慶良間通いが始まった。沖縄の報道カメラマンとして『集団自決』の傷痕」をきちんと記録しなければ、と痛感したからだ。

まず「集団自決」の経験者で生き残った方たちの情報収集から始めたが、そのうち生存者の多くが島を出て沖縄本島や本土で生活していることがわかり、取材範囲が広範囲にわたることになった。

最初の壁に突き当たったのは、親戚の一人からカミソリで首を傷つけられた方（仮にAさんとする）の撮影だった。沖縄本島の住まいを探しあて、玄関先で島の話を始めたとたんにAさんは奥へ引っこんでしまわれた。すぐに立ち去ることもできずにじっと待っていると、20分ほどたって、娘さんが出てきた。娘さんは「両親は『集団自決』のことは話すことができないんです」と取材を断った。数日後に、Aさんのもう一人の娘さんの職場を知ったので、そこに訪ね「両親に貴方から頼んでいただけないでしょうか」とお願いした。しかし娘さんからの返事はなかった。そこで再度、自宅を訪問したが、結果は前回と同じだった。

その後、島の村議会議員をつとめるAさんの弟さんの紹介を得て取材を試みたが、これも同様に断られた。この3度目の訪問の時はAさんはちょうど庭先に出ておられて優しく対応してもらったが、そこで明瞭に理解できたのは、親戚への配慮から写真撮影は無理だ、ということだった。代わりに、他に傷痕が残る知人を紹介してもらったが、このAさんのお宅へは6回ほど足を運んで、結局撮影を断念せざるを得なかった。

取材に応じることができても、傷のことを聞き出すタイミングが難しかった。

私の40年来の友人で、良き先輩でもある渡嘉敷村阿波連出身の大城良作さんの場合もそうだった（22頁）。彼の額から眉間にかけての傷は以前から気づいていたが、「集団自決」の傷か、と尋ねるチャンスを探すのに悩んだ。ある日、自宅を訪ね「『集団自決』の傷ですか」と単刀直入に聞いた。

「そうだ。現場の小川で気を失っていたので母の亡くなったときのことは覚えていない。曾祖母の懐に抱かれて助けられた。母の死にぎわは知らないが、兵隊から手榴弾を受け取る母の姿は覚えている」と一気に話す目には涙がにじんでいた。

玉砕場へ向かうとき母は、「兵隊に行ったお父さんに会いに行くから…」と言い、正月用の着物を着せ、下駄を履かせた。大雨で山道を登るとき、その下駄の鼻緒が切れた。母が鼻緒を結んでくれた姿を今も思い浮かべるという。ベッドの枕元には、たった一枚の若い頃の母の写真が飾ってあった。

＊

「体の傷のことは他人に知られたくない。親戚の名誉を傷つける」からと匿名で取材に応じる方があったし、「新聞には出さない」という条件で応じてくれた方もあった。

一方、次世代に悲惨な体験を語り継がねばという願いから話してくれた方もいた。山城節子さんである。

2011年6月14日、渡嘉敷村阿波連で大城政連さんの棒で叩かれた傷を撮影しているとき、節子さんの娘さんが駆け寄ってきて「うちの母にもすごい傷があるよ」と教えてくれた。「撮影可能ですか?」と訊ねると、「大丈夫と思う」と答えた。

従姉妹の民宿で休んでいた節子さんは、当時米軍が撮影した写真を見ながら、「首に包帯を巻いているのは私です」とはっきりした記憶で状況を話してくれた(10頁)。「親戚の伯父にナタで首を切られ、血が着物を伝って流れ落ちたが、声を押し殺してうつむいていた。弟も生き延びたが、自分の傷よりも深く手が入るほどだった」と淡々と話してくれた。

＊

「集団自決」から瀕死の重傷を負いながらも生き抜いた方たちは、「玉砕場」を訪れることはこれまでに一度もなかった。数人の方に現場への案内を頼んだが「あそこへ行くと、眠れなくなる。叫び声が聞こえる」と言い、断られた。

渡嘉敷村主催の慰霊祭が35年ぶりに行われた2012年3月28日。新里武光さんに厚かましく再度現場へ一緒に行ってほしいと頼んだ。案の定、新里さんは躊躇したが、私の旧い友人である米田英明さんが一緒に、「母も連れて行くから、新里さん、ぜひお願いします」と頼んでくれた。

新里さんの軽トラックで現場近くへたどり着いた。そこからは険しい斜面を下ることになる。母の光子さんには無理だったので残る三人で現場に下り、血の川だったという小川の傍に座り込んで、新里さんから当時の夜の様子を聞いた(20頁)。「泥にまみれて滑って、つまずいてよく転んだ。暗かったので気づかなかったが、ふれてみると死体だった。数え切れないくらい多くの死体につまずいて何度も転んだ」と、新里さんは修羅場の様子を生々しく語ってくれた。

日本軍の手榴弾の破片が身体に残っている「集団自決」の体験者がいる。

2010年12月2日夜、それまで写真取材を断っていた中山章さんが、ひょいと座間味島の居酒屋にいた私のところへ来てくれた。居酒屋は雑音が多くて暗かったので、翌日、改めて取材をお願いすると快く承知してくれた。明るい場所での撮影となり、頭頂にくっきりとくぼんだ傷が見える（11頁）。手榴弾の破片がレントゲン写真には写る、と話した。しかし医者から「破片を摘出するのは危険で困難だ」と説明されて手術を断念したという。中学2年の時から、破片が脳神経を刺激して時々発作を起こし、気を失う。発作が原因で仕事も辞めた、と悔しそうに話す。妹も手榴弾による傷があるという。その沖縄本島南部在住の妹の並里隆子（１９４１年生まれ）さんを撮影したが、確かに左腕に切傷痕があった。

＊

以上の方がたのほかにも、傷痕の写真撮影では多くの方がたにお世話になりました。

渡嘉敷島の取材では、現村長の座間味昌茂さんの自宅で、長時間にわたる当時の説明を受け、ビデオに収めることができました。また20年来の友人・米田英明さん（村平和学習ガイド）には母親の光子さんはじめ多くの方々を紹介していただき、大城政連さんご兄弟には「集団自決」で一家全員が亡くなった家や弾痕などの現場案内でお世話になりました。

座間味島の取材では、ザトウクジラが慶良間海域に蘇った１９８６年からの友人である宮里芳和さん（座間味区区長）をはじめ、宮里さんの義父・宮平輝重さん、32冊の体験談を自費出版し、いろんな体験者を紹介してくださった宮城恒彦さんや座間味村郷友会会長の中村盛彦さん、別れの水杯を飲んで「集団自決」を試みた田中美江さん（１９３２年10月生まれ）、本書の解説を引き受けていただいた宮城晴美さんらにお世話になりました。ダイナマイトで二家族全員が亡くなった屋嘉比島の件では元村長で座間味村遺族会会長の宮里正太郎さんご夫妻や数年前まで東京で小料理店を経営していた松本トシさんに、阿嘉島では「集団自決」を止めた鈴木大尉のことを詳しく証言した新城幸一さん（故人）、ヨシ子さんご夫妻と垣花武一さん（１９３１年2月生まれ）、ダイビング講習以来宿泊している民宿・川道の垣花薫さんに、慶留間島ではダイビングインストラクターの大村真俊さん、高良家の管理人の中村武次郎さんに案内していただきました。そのほか匿名希望の方も含め、多くの方がたのご協力があってこの写真集は実現できました。ここに心からお礼を申し上げます。

なお最後になりましたが、本書の出版を引き受けていただいた高文研と、本書の構成・編集に全面的にご協力いただいた梅田正己さん、山本邦彦さんに感謝申し上げます。

山城　博明（やましろ・ひろあき）

1949年、沖縄県宮古島に生まれる。沖縄大学在学中より、沖縄復帰闘争、全軍労闘争、全島ゼネスト、コザ反米騒動などを撮り、雑誌『現代の眼』等に発表。
73年、読売新聞西部本社に入社、85年、琉球新報社に移る。この間、さまざまの報道写真を撮るほか、琉球列島の自然、とくに野鳥や動物を数多く撮る。現在もライフワークとして、中国野生の朱鷺、アジアのクロツラヘラサギの生態を、中国や韓国にたびたび出かけて撮影し続けている。
写真展は、1995年以降、「琉球の野鳥」を那覇、東京、札幌等で開催、99年、中国漢中市での世界朱鷺保護会議で「中国野生の朱鷺」を開催、ほか多数。
1991、92年度、九州写真記者協会賞受賞。
著書：『報道カメラマンが見た復帰25年　沖縄』（琉球新報社）
『琉球の記憶・針突（はじち）』（新星出版社）

沖縄戦「集団自決」
消せない傷痕

●二〇一二年　九月二九日――――第一刷発行

著　者／山城　博明

発行所／株式会社　高文研
東京都千代田区猿楽町二―一―八
三恵ビル（〒一〇一―〇〇六四）
電話０３＝３２９５＝３４１５
http://www.koubunken.co.jp

印刷・製本／三省堂印刷株式会社

★万一、乱丁・落丁があったときは、送料当方負担でお取りかえいたします。

ISBN978-4-87498-492-5　C0036